BEI GRIN MACHT SICH IHR WISSEN BEZAHLT

- Wir veröffentlichen Ihre Hausarbeit,
  Bachelor- und Masterarbeit

- Ihr eigenes eBook und Buch -
  weltweit in allen wichtigen Shops

- Verdienen Sie an jedem Verkauf

Jetzt bei www.GRIN.com hochladen und kostenlos publizieren

Johann Mair

Die Einführung der tridentinischen Schulreformen - Geburtsstunde des heutigen katholischen Religionsunterrichts?

GRIN Verlag

Bibliografische Information der Deutschen Nationalbibliothek:

Die Deutsche Bibliothek verzeichnet diese Publikation in der Deutschen National-
bibliografie; detaillierte bibliografische Daten sind im Internet über http://dnb.d-
nb.de/ abrufbar.

Dieses Werk sowie alle darin enthaltenen einzelnen Beiträge und Abbildungen
sind urheberrechtlich geschützt. Jede Verwertung, die nicht ausdrücklich vom
Urheberrechtsschutz zugelassen ist, bedarf der vorherigen Zustimmung des Verla-
ges. Das gilt insbesondere für Vervielfältigungen, Bearbeitungen, Übersetzungen,
Mikroverfilmungen, Auswertungen durch Datenbanken und für die Einspeicherung
und Verarbeitung in elektronische Systeme. Alle Rechte, auch die des auszugsweisen
Nachdrucks, der fotomechanischen Wiedergabe (einschließlich Mikrokopie) sowie
der Auswertung durch Datenbanken oder ähnliche Einrichtungen, vorbehalten.

Impressum:

Copyright © 2008 GRIN Verlag GmbH
Druck und Bindung: Books on Demand GmbH, Norderstedt Germany
ISBN: 978-3-656-25308-2

Dieses Buch bei GRIN:

http://www.grin.com/de/e-book/197784/die-einfuehrung-der-tridentinischen-
schulreformen-geburtsstunde-des-heutigen

GRIN - Your knowledge has value

Der GRIN Verlag publiziert seit 1998 wissenschaftliche Arbeiten von Studenten, Hochschullehrern und anderen Akademikern als eBook und gedrucktes Buch. Die Verlagswebsite www.grin.com ist die ideale Plattform zur Veröffentlichung von Hausarbeiten, Abschlussarbeiten, wissenschaftlichen Aufsätzen, Dissertationen und Fachbüchern.

Besuchen Sie uns im Internet:

http://www.grin.com/

http://www.facebook.com/grincom

http://www.twitter.com/grin_com

Ruhr-Universität Bochum
Katholisch-Theologische Fakultät
Vorlesung: „Rechtlicher Rahmen religiösen Lernens"

25.07.12
WiSe 07/08

Die Einführung der tridentinischen Schulreformen

—

Geburtsstunde des heutigen katholischen Religionsunterrichts?

Johann Mair

Geschichte
Geographie
Kath. Theologie
Master of Education
4. Semester

Inhaltsverzeichnis

1.   Einleitung

Vor fast 30 Jahren bezeichnete Hans-Jochen Gamm in seiner Einführung zum Judentum den Religionsunterricht als das „älteste Schulfach im abendländischen Bildungskanon."[1] Hält man sich diese lange Geschichte der religiösen Unterweisung vor Augen, stellt sich die Frage wann und wie diese zu dem wurde, was wir heute als unseren heutigen Religionsunterricht kennen. Gibt es markante historische Einschnitte, die womöglich als „Geburtsstunde" des modernen Religionsunterrichts angesehen werden können? Einen Einschnitt in der Entwicklung des katholischen religiösen Lehrens stellt mit Sicherheit das Trienter Konzil von 1545 bis 1563 dar, nicht zuletzt weil es eine entscheidende Zäsur für die Geschichte der katholischen Kirche überhaupt war. Die vorliegende Ausführung behandelt daher die Frage, inwiefern das Tridentinum als „Geburtsstunde" des modernen katholischen Religionsunterrichts angesehen werden kann.

Zwei Merkmale sind laut Nastainczyk für den heutigen Religionsunterricht konstitutiv. Zum einen ist er an die Schule und ihren Bedingungen gebunden. Zum anderen ist Religionsunterricht nicht nur eine Angelegenheit der Kirche, sondern eine „res mixta" zwischen ihr und dem Staat.[2] Als weitere Merkmale gelten gemeinhin das Vorhandensein eines pädagogisch gebildeten und kirchlich bevollmächtigten Personals für den Unterricht und die Stellung als ordentliches Lehrfach an Schulen.[3] Letztes wird in Deutschland durch Art. 7 Abs. 2 GG garantiert und sichert hierdurch eine flächendeckende religiöse Unterrichtung.[4]

---

[1] Gamm, Hans-Jochen: Das Judentum. Eine Einführung. Frankfurt a. M. 1979, S. 130.
[2] Nastainczyk, Wolfgang: Art. Religionsunterricht. I. Historisch. in: Lexikon für Theologie und Kirche 8 (³1999), Sp. 1074-1076, Sp. 1074.
[3] Stoodt, Dieter: Art. Religionsunterricht in Deutschland. 2. Rechtslage. in: Lexikon der Religionspädagogik 2 (2001), Sp. 1775-1780, Sp. 1775.
[4] Ennuschat, Jörg: Art. Religionsunterricht in Deutschland. 1. Begriff und Geschichte. in: Lexikon der Religionspädagogik 2 (2001), Sp. 1780-1786, Sp. 1781-1784.

2. Entwicklung religiösen Lehrens bis zum Konzil von Trient

Gemäß jüdischer Tradition fand religiöse Unterrichtung für Kinder und Jugendliche ausschließlich in elterlicher Verantwortung und im familiären Raum statt.[5] Auch in den Schriften des Paulinismus findet sich die Mahnung, welche das Familienoberhaupt in die Pflicht nimmt, Kinder religiös zu erziehen (Eph 6,4). Dazu zählt auch die Vermittlung der heiligen Schrift: „denn Du kennst von Kindheit an die heiligen Schriften, die dir Weisheit verleihen können, damit Du durch den Glauben an Jesus Christus gerettet wirst" (2 Tim 3,15). Hierin erschöpft sich der biblische Auftrag zur religiösen Unterrichtung von Kindern, die auch in der Kirche des Altertums keine Institutionalisierung außerhalb der Familie fand, sieht man von der Erstarkung der Funktion des Paten als religiösen Erzieher ab.[6] Im Altertum befand sich das Christentum zunächst in einer Minderheiten- und Verfolgungssituation, „so dass ein in Schulen institutionalisierter Religionsunterricht sowohl von den politischen und sozialen Voraussetzungen im römischen Reich (Verschmelzung von religiösem Kult und politischer Herrschaft!) wie von den Bedürfnissen der Gemeinde her ausgeschlossen war."[7] Um die Wende des 3. Jh. setzte eine verstärkte Katechismusbewegung ein, die sich zwar nur auf die Erwachsenen bezog, jedoch bereits Lehrvorträge und Prüfungen kannte.[8] Mit der kurz darauf einsetzenden konstantinischen Wende und der damit begonnenen Entwicklung der Kirche zur Volkskirche wurde dieses Katechumenat hinfällig, da bis zum 5. Jh. die Kinds- die Erwachsenentaufe ablöste.[9]

Eine eigenständige Kinderkatechese war auch dem Mittelalter unbekannt.[10] Zwar entstand im Frühmittelalter ein geistliches und im Hochmittelalter ein städtisch-weltliches Schulwesen unter kirchlicher Aufsicht.[11] „Die religiöse Sozialisation der Massen allerdings war bar jeglicher systematischer Unterweisung; sie vollzog sich im Familienverband und im Medium von Liturgie, Predigt, Mysterien-, Krippen- und Passionsspielen, im Leben und Erleben einer christlich geprägten und interpretierten Umwelt."[12]

---

[5] Rees, Wilhelm: Der Religionsunterricht und die katechetische Unterweisung in der kirchlichen und staatlichen Rechtsordnung. Regenburg 1986, S. 48.
[6] Rees, Religionsunterricht, S. 49f.
[7] Weber, Bernd: Aspekte zu einer Sozialgeschichte des (evangelischen und katholischen) Religionsunterrichts. in: Anneliese Mannzmann (Hg.): Geschichte der Unterrichtsfächer Bd. 2: Geschichte, Politische Bildung, Geographie, Religion, Philosophie, Pädagogik. München 1983, S. 108-176, S. 113.
[8] Weber, Sozialgeschichte, S. 113.
[9] Läpple, Alfred: Kleine Geschichte der Katechese. München 1981, S. 45-48.
[10] Rees, Religionsunterricht, S. 48f.
[11] Konrad, Franz-Michael: Geschichte der Schule. Von der Antike bis zur Gegenwart. München 2007, S. 27-39.
[12] Weber, Sozialgeschichte, S. 115.

3. Das Konzil von Trient, seine Ursachen und sein Vorspiel vor dem Hintergrund religiöser Unterweisung

Die alte Kirche befand sich über Jahrhunderte hinweg in einer unangefochtenen Position, wurde von außen nie herausgefordert, musste sich nie verteidigen und hierzu ihr eigenes Handeln reflektieren. Demgemäß konnten ihre „Waffen aus der Rüstkammer der Scholastik" nicht verhindern, dass innerhalb weniger, aber entscheidender Jahre halb Europa sich vom Papst abwandte.[13] Vor diesem Hintergrund tagte von 1545 bis 1563 das Konzil von Trient, welches die katholische Antwort auf die Herausforderung der Reformation darstellte. Es sollte keine Restauration des vorreformatorischen Katholizismus bewirken, sondern vielmehr eine neue Kirchenverfassung mit zentralistischer Tendenz schaffen.[14]

Auch im Zusammenhang mit der religiösen Unterweisung stellte die Reformation eine Herausforderung für die Kirche dar. Die Konfessionelle Konkurrenz wird sogar als Triebkraft der Etablierung einer eigenen Kinderkatechese angesehen. Im Sinne eines „Priestertums des Gläubigen" legten die Protestanten großen Wert auf die universelle Kenntnis des Lesens, um die Evangelien verstehen zu können.[15] Durch eine derartige Bildung erhoffte man sich ein Ende durch die Bevormundung des Klerus.[16] Entsprechend stellten Luthers Schriften, besonders sein Schreiben „An die Rasherren", einen Aufruf zu Reformen der (religiösen) Unterrichtung von Kindern dar.[17] Um gegen schwärmerische Auswüchse aus den eigenen Reihen gewappnet zu sein, die auf das unmittelbare Wirken des heiligen Geistes setzten, sah Luther eine Stärkung der Bildung durch die weltliche Macht vor .[18]

Auch für die katholische Seite ist festzuhalten, „dass die Bemühungen um Schulbildung einhergingen mit dem wachsenden Misstrauen gegen die (bisher herrschende) mündlich geprägte Bildung: Diese trägt offenbar nicht mehr, ist schwer kontrollierbar und potentieller Nährboden für häretische (oder gar unchristliche) Anschauungen und Haltungen."[19]

Als Antwort auf die neue Bedrohung beschlossen die Konzilsteilnehmer des Tridentinums 1563: „Die Bischöfe sorgen dafür, dass wenigstens an Sonn- und Feiertagen in den einzelnen Pfarreien die Kinder von den zuständigen Personen in den Grundelementen des Glaubens und

---

[13] Weitlauff, Manfred: Das Konzil von Trient und die tridentinische Reform auf dem Hintergrund der kirchlichen Umstände der Zeit. in: Archiv für mittelrheinische Kirchengeschichte 41 (1989), S. 13-59, S. 41.

[14] Weitlauff, Umstände, S. 53.

[15] Weber, Sozialgeschichte, S. 116.

[16] Mette, Norbert: Religionspädagogik, Düsseldorf ²2006 (Leitfaden Theologie 24), S. 69.

[17] Goebel, Klaus: Luther als Reformer der Schule. Seine Schrift „An die Ratsherren..." und Äußerungen des Reformators zu Schule und Erziehung. in: Klaus Goebel (Hg.): Luther in der Schule. Beiträge zur Erziehungs- und Schulgeschichte, Pädagogik und Theologie. Bochum 1985 (Dortmunder Arbeiten zur Schulgeschichte und zur historischen Didaktik 6), S. 7-26.

[18] Mette, Religionspädagogik, S. 68.

[19] Paul, Eugen: Geschichte der christlichen Erziehung Bd. 2: Barock und Aufklärung. Freiburg u. a. 1995, S. 133.

des Gehorsams gegen Gott und die Eltern gewissenhaft unterwiesen werden. Wenn nötig, zwingen sie dazu Kirchenstrafen. Dies gilt ungeachtet aller Privilegien und Gewohnheiten."[20] Dieser Beschluss des Konzils ermöglichte erstmals eine systematische und kontinuierliche Belehrung auch der infantilen Gläubigen. Inhaltliche Grundlagen dieser Unterweisung wurden im ebenfalls vom Konzil geplanten und unter Papst Pius V. veröffentlichten Katechismus „Catechismus Romanus" festgelegt.[21]

Die Reformen der religiösen Erziehung, die auf dem Tridentinum beschlossen wurden, entstanden nicht in einem ideellen Vakuum. Bereits zuvor war eine deutliche Reformmentalität spürbar.[22] Läpple veranschaulicht diese, indem er beispielgebend 28 katechetische Lehrbücher aufführt, die in der Zeit vom beginnenden 16. Jh. bis zum Tridentinum verfasst wurden.[23] Aus dieser Vielzahl ist exemplarisch Erasmus' von Rotterdam „Explanatio symboli" von 1533 zu nennen, die ein einfaches Schulbuch für den christlichen Elementarunterricht darstellt, welches Eltern, Paten und Seelsorgern als Vorlage für katechetischen Unterricht dienen sollte.[24] Gleichermaßen ist die umfassende Erziehungslehre „De libri recte instituendeis" des Humanisten Jacobo Sadoleto aus demselben Jahr hervorzuheben, welche ebenfalls eine kindgerechte Katechese beinhaltete.[25] Hält man sich dieses reformerische Aufbruchsklima vor Augen, ist es nicht verwunderlich, dass manchenorts schon vor den tridentinischen Reformen eine spezifische religiöse Unterweisung von Kindern erfolgte.[26]

---

[20] Concilium Tridentinum, Sessio XXIV, Decretum de reformatione, Canon IV. in: Josef Wohlmuth (Hg.): Dekrete der ökumenischen Konzilien Bd. 3: Konzilien der Neuzeit. Paderborn 2002, S. 763.
[21] Rees, Religionsunterricht, S. 52.
[22] Paul, Erziehung, S. 87-96.
[23] Läpple, Katechese, S. 90f.
[24] Erasmus, Desiderius: Dilecida et pia explanatio symboli quod apostolorum dicitur et decalogi praeceptorum. Antwerpen 1533.
[25] Sadoleto, Jacobo: De libris recte instituendes. Venedig 1533.
[26] Paul, Erziehung, S. 14.

4

4. Tridentinische Reformen und religiöse Unterweisung

Die Reformen des Tridentinums mussten auf der Ebene der Diözesen durchgesetzt werden, weswegen die Reformen in den betreffenden Synodenbeschlüsse vielfältig verwirklicht wurden, so auch jene, welche die religiöse Unterrichtung betrafen.[27] So war man in Bayern ab 1560 durch synodale Beschlüsse um die Gründung neuer Schulden bemüht. Darüber hinaus wurde den Lehrern aufgetragen, den neuen römischen Katechismus zu lehren und geistliche Lieder einzuüben.[28] Die an das Konzil anschließenden Synoden in der Kirchenprovinz Salzburg sind besonders gut erforscht.[29] Auf ihnen basiert die Salzburger Schulordnung von 1594, welche erstmals das Fach Glaubenslehre vorschrieb. Außerdem sollten ausdrücklich gute Sitten, Frömmigkeit sowie Lesen und Schreiben unterrichtet werden.[30] Zum Schutz der Schüler wurden - didaktisch begründet - eine ausufernde Strafen verhindernde Strafordnung eingeführt und Bedingungen an das Sozialverhalten des Lehrers gestellt.[31] Darüber hinaus wurden in der Salzburger Schulordnung weitere Bestimmungen zum Schutz der Kinder erlassen: Neben der Erteilung der Auflage Kinder mit sauberen Trinkwasser zu versorgen und vor schlechtem Essen zu schützen, sollte eine Mittagspause eingehalten werden. Außerdem sollte der Kirchgang der Kinder zu rauen Jahreszeiten so gestaltet sein, dass diese vor Kälte geschützt waren.[32] Auch auf didaktische Methoden wurde eingegangen. Nicht nur in der Salzburger Diözese wurde die didaktische Vermittlungsform des Schultheaters neu eingeführt, die jedoch vor allem der Bildungselite vorbehalten blieb. An niederen Schulen erfüllten diese Vermittlungsfunktion Spiel-, Sing- und Bilderprozessionen.[33] Leimgruber/Ziebertz sehen in der Einführung jener didaktischen Methoden und Überlegungen die Entstehung der Katechetik als eigenständige wissenschaftliche Disziplin.[34]

Die Bemühungen um die religiöse Unterweisung fanden ihren Niederschlag auch in der Gründung von Ordensgemeinschaften zum Zweck der Unterrichtung von Kindern und Jugendlichen, wie etwa die der Piarasten oder den Englischen Fräulein. Vor allem aber der

---

[27] Ganzer, Klaus: Die Kirchenreform nach dem Konzil von Trient. in: Rottenburger Jahrbuch für Kirchengeschichte 23 (2004), S. 61-74, S. 69.

[28] Paul, Erziehung, S. 136.

[29] Winkler, Gerhard: Nachtridentinische Schulreform. Religiöse Unterweisung nach den Salzburger Synoden (1569, 1573, 1576). in: Alfred Rinnerthal (Hg.): Historische und rechtliche Aspekte des Religionsunterrichts. Frankfurt a. M. 2004 (Wissenschaft und Religion 8), S. 25-40.

[30] Winkler, Schulreform, S. 33.

[31] Winkler, Schulreform, S. 34.

[32] Winkler, Schulreform, S. 35.

[33] Brückner, Wolfgang: Die Neuorganisation von Frömmigkeit des Kirchenvolkes im nachtridentinischen Konfessionsstaat. in: Paolo Prodi/Wolfgang Reinhard (Hg.): Das Konzil von Trient und die Moderne. Berlin 2001 (Schriften des Italienisch-Deutschen Historischen Instituts in Trient 16), S. 147-174, S. 152.

[34] Leimgruber, Stephan/Ziebertz, Hans-Georg: Religionsdidaktik als Wissenschaft. in: Georg Hilger u. a. (Hg.): Religionsdidaktik. Ein Leitfaden für Studium, Ausbildung und Beruf. München 2001, S. 29-41, S. 30.

bereits bestehende Jesuitenorden übernahm die Aufgabe, Kinder und Jugendlich religiös zu beschulen.[35]

Unterschiedliche Schuldichte, schlechte Bezahlung der Lehrer und die oftmals auf ökonomische Notwendigkeit beruhende mangelnde Bereitschaft der Eltern ihre Kinder auf die Schule zu schicken führten - entgegen der Meinung der älteren Forschung - zu einer begrenzten Ausdehnung der Kinderkatechese. Lediglich im höheren Schulwesen konnte die religiöse Unterweisung weitgehend verbreitet werden.[36] Hinzu kam, dass weder weltliche noch geistliche Herren im Reich ein großes Interesse an der Durchsetzung der Reformdekrete im Allgemeinen hatten, da sie in ihrer Gesamtheit nicht mit dem Augsburger Religionsfrieden in Einklang zu bringen waren. Dementsprechend konnten manche Dekrete erst im 19. Jahrhundert verwirklicht werden.[37] Gemäß Ganzer war das Ergebnis des Tridentinums schließlich auch weniger die Umsetzung der beschlossenen Reformen als die Verbreitung einer Reformmentalität, die noch lange nachwirkte.[38] Weitlauff urteilt dagegen: „Ob ‚tridentinischer Geist' die Römische Kirche überhaupt jemals durchdringen vermochte: daran mag man füglich zweifeln."[39]

---

[35] Mette, Religionspädagogik, S. 71.
[36] Paul, Erziehung, S. 136.
[37] Ganzer, Kirchenreform, S. 71.
[38] Ganzer, Kirchenreform, S. 73f.
[39] Weitlauff, Umstände, S. 54.

5. Fazit

Das Tridentinum ermöglichte erstmals die Eingliederung der religiösen Unterweisung in die Schule. Mit dieser Institutionalisierung wurde diese zugleich reglementiert. Neben der Vorgabe der Inhalte durch die Katechismen sowie Schutzbestimmungen für die Kinder und Jugendlichen, werden nun auch Anforderungen an das Lehrpersonal gestellt. Diese Punkte betreffend kommt die religiöse Unterweisung gemäß tridentinischen Schulreformen dem heutigen Religionsunterricht recht nahe.

Dennoch ist die religiöse Unterweisung nach dem Konzil noch keine „res mixta" wie der heutige Religionsunterricht. Schule ist in Preußen bis zur Einführung des General-Landschulreglements von 1763 ein „Annex der Religionsausübung".[40] Mit der Aufklärung entwickelt auch der weltliche Staat ein eigenes Interesse für die Bildung seiner Untertanen zu mündigen Bürgern.[41] Dementsprechend erklärt das Allgemeine Landrecht für die Preußischen Staaten von 1794 Schulen zu „Veranstaltungen des Staates".[42] Erst ab diesem Zeitpunkt oblag die Hoheit der Schulbildung dem Staat, der somit zugleich eine allgemeine Unterrichtpflicht durchsetzte.[43] So ist im Allgemeinen Landrecht ferner zu lesen: „Jeder Einwohner, welcher den nöthigen Unterricht für seine Kinder nicht besorgen kann oder will, ist schuldig, dieselben nach zurückgelegtem Fünften Jahre zur Schule zu schicken."[44] Erst nun erhielten, wenn auch nur nominell, alle Kinder Zugang zu religiöser Erziehung, wie es auch heute das GG garantiert.[45] Die eigentliche „Verschulung der Katechese", also die Geburt des modernen Religionsunterrichts, wird daher gemeinhin erst in den Schulreformen der Aufklärung gesehen.[46]

Das Tridentinum war nicht die „Geburtsstunde" unseres heutigen modernen Religions-unterrichts. Verweilt man allerdings bei dieser Geburtsmetapher so ist man durchaus gewillt, die Konzilsbeschlüsse bzw. die ihnen folgenden Schulreformen in den Diözesen als erste Kindsbewegungen anzusehen.

---

[40] Rees, Religionsunterricht, S. 55.
[41] Rees, Religionsunterricht, S. 55.
[42] Allgemeines Landrecht II 12 § 1. in: Hans Hattenhauer (Hg.): Allgemeines Landrecht für die preussischen Staaten von 1794. Neuwied ²1994, S. 590.
[43] Rees, Religionsunterricht, S. 56.
[44] Allgemeines Landrecht II 12 § 43. in: Hans Hattenhauer (Hg.): Allgemeines Landrecht für die preussischen Staaten von 1794. Neuwied ²1994, S. 592. An dieser Stelle ist allerdings anzumerken, dass diese Unterrichtspflicht nicht mit der heute vorherrschenden Schulpflicht gleichzusetzen ist. Dennoch trug diese zu in erheblichem Maße zur Verbreitung der Beschulung bei.
[45] Paul, Erziehung, S. 135.
[46] Mette, Religionspädagogik, S. 75. Läpple, Katechese, S. 130-132. Rees, Religionsunterricht, S. 53.

6. Quellenverzeichnis

- Erasmus, Desiderius: Dilecida et pia explanatio symboli quod apostolorum dicitur et decalogi praeceptorum. Antwerpen 1533.
- Josef Wohlmuth (Hg.): Dekrete der ökumenischen Konzilien Bd. 3: Konzilien der Neuzeit. Paderborn 2002.
- Hans Hattenhauer (Hg.): Allgemeines Landrecht für die preussischen Staaten von 1794. Neuwied [2]1994.
- Sadoleto, Jacobo: De libris recte instituendes. Venedig 1533.

7. Literaturverzeichnis

- Brückner, Wolfgang: Die Neuorganisation von Frömmigkeit des Kirchenvolkes im nachtridentinischen Konfessionsstaat. in: Paolo Prodi/Wolfgang Reinhard (Hg.): Das Konzil von Trient und die Moderne. Berlin 2001 (Schriften des Italienisch-Deutschen Historischen Instituts in Trient 16), S. 147-174.
- Ennuschat, Jörg: Art. Religionsunterricht in Deutschland. 1. Begriff und Geschichte. in: Lexikon der Religionspädagogik 2 (2001), Sp. 1780-1786.
- Gamm, Hans-Jochen: Das Judentum. Eine Einführung. Frankfurt a. M. 1979.
- Ganzer, Klaus: Die Kirchenreform nach dem Konzil von Trient. in: Rottenburger Jahrbuch für Kirchengeschichte 23 (2004), S. 61-74.
- Goebel, Klaus: Luther als Reformer der Schule. Seine Schrift „An die Ratsherren..." und Äußerungen des Reformators zu Schule und Erziehung. in: Klaus Goebel (Hg.): Luther in der Schule. Beiträge zur Erziehungs- und Schulgeschichte, Pädagogik und Theologie. Bochum 1985 (Dortmunder Arbeiten zur Schulgeschichte und zur historischen Didaktik 6), S. 7-26.
- Konrad, Franz-Michael: Geschichte der Schule. Von der Antike bis zur Gegenwart. München 2007.
- Läpple, Alfred: Kleine Geschichte der Katechese. München 1981.
- Leimgruber, Stephan/Ziebertz, Hans-Georg: Religionsdidaktik als Wissenschaft. in: Georg Hilger u. a. (Hg.): Religionsdidaktik. Ein Leitfaden für Studium, Ausbildung und Beruf. München 2001, S. 29-41.
- Mette, Norbert: Religionspädagogik, Düsseldorf [2]2006 (Leitfaden Theologie 24).
- Nastainczyk, Wolfgang: Art. Religionsunterricht. I. Historisch. in: Lexikon für Theologie und Kirche 8 ([3]1999), Sp. 1074-1076.

- Paul, Eugen: Geschichte der christlichen Erziehung Bd. 2: Barock und Aufklärung. Freiburg u. a. 1995.

- Rees, Wilhelm: Der Religionsunterricht und die katechetische Unterweisung in der kirchlichen und staatlichen Rechtsordnung. Regenburg 1986.

- Stoodt, Dieter: Art. Religionsunterricht in Deutschland. 2. Rechtslage. in: Lexikon der Religionspädagogik 2 (2001), Sp. 1775-1780.

- Weber, Bernd: Aspekte zu einer Sozialgeschichte des (evangelischen und katholischen) Religionsunterrichts. in: Anneliese Mannzmann (Hg.): Geschichte der Unterrichtsfächer Bd. 2: Geschichte, Politische Bildung, Geographie, Religion, Philosophie, Pädagogik. München 1983, S. 108-176.

- Weitlauff, Manfred: Das Konzil von Trient und die tridentinische Reform auf dem Hintergrund der kirchlichen Umstände der Zeit. in: Archiv für mittelrheinische Kirchengeschichte 41 (1989), S. 13-59.

- Winkler, Gerhard: Nachtridentinische Schulreform. Religiöse Unterweisung nach den Salzburger Synoden (1569, 1573, 1576). in: Alfred Rinnerthal (Hg.): Historische und rechtliche Aspekte des Religionsunterrichts. Frankfurt a. M. 2004 (Wissenschaft und Religion 8), S. 25-40.